Impressum
Verlag: BABADADA GmbH, Nedderfeld 112 , 22529 Hamburg
Geschäftsführer / Verlagsleitung: Harald Hof
Druck: Books on Demand GmbH, In de Tarpen 42, 22848 Norderstedt

Imprint
Publisher: BABADADA GmbH, Nedderfeld 112 , 22529 Hamburg, Germany
Managing Director / Publishing direction: Harald Hof
Print: Books on Demand GmbH, In de Tarpen 42, 22848 Norderstedt, Germany

xue xiao

școală

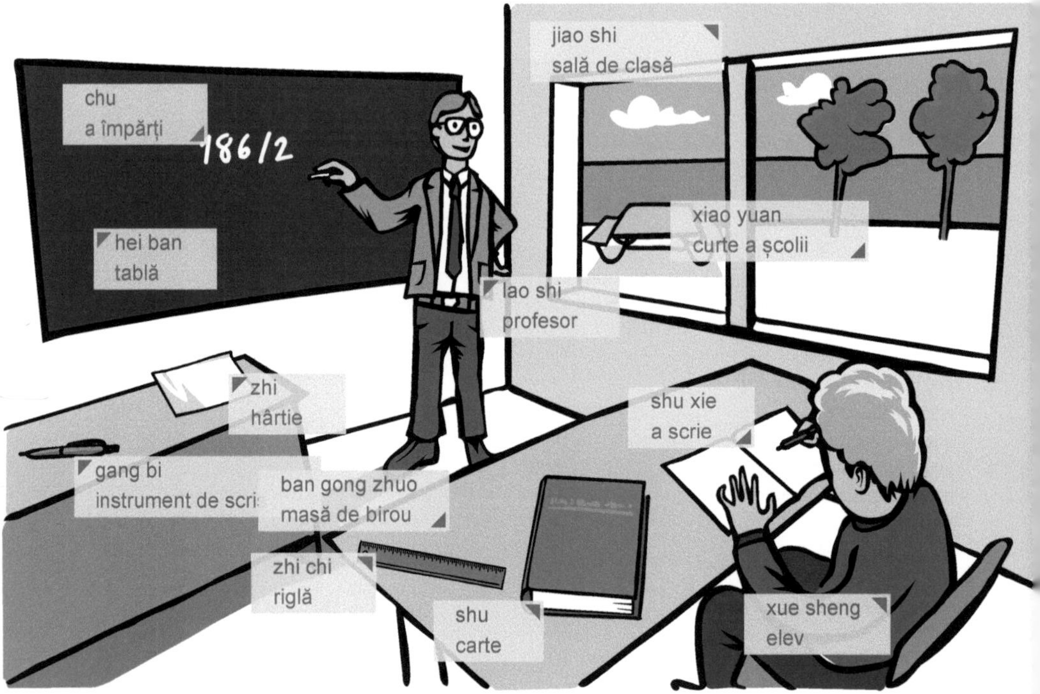

chu
a împărți
186/2
jiao shi
sală de clasă
hei ban
tablă
xiao yuan
curte a școlii
lao shi
profesor
zhi
hârtie
shu xie
a scrie
gang bi
instrument de scri
ban gong zhuo
masă de birou
zhi chi
riglă
shu
carte
xue sheng
elev

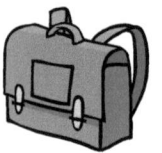

shu bao

ghiozdan

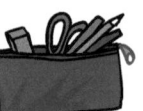

qian bi he

penar

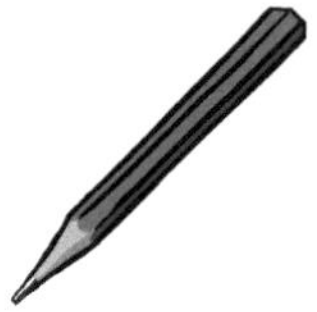

qian bi

creion

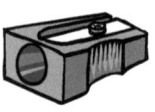

juan bi dao

ascuțitoare

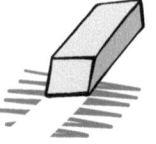

xiang pi ca

radieră

hua ban

bloc de desen

tu hua

desen

hua bi

pensulă

yan liao he

cutie de acuarele

jian dao

foarfece

jiao shui

lipici

lian xi ce

caiet de exerciţii

jia ting zuo ye

temă

shu zi

număr

jia

a aduna

jian

a scădea

cheng

a multiplica

ji suan

a calcula

zi mu

literă

zi mu biao

alfabet

zi

cuvânt

ke wen

text

du

a citi

fen bi

cretă

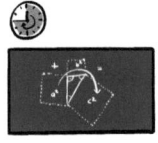

shang ke

oră

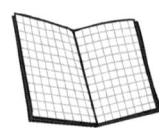

deng ji

catalog

kao shi

examen

zheng shu

certificat

xiao fu

uniformă școlară

jiao yu

educație

bai ke quan shu

enciclopedie

da xue

universitate

xian wei jing

microscop

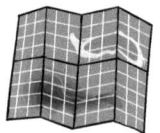

di tu

hartă

fei zhi kuang

coș de gunoi

xue xiao - școală

lü xing
călătorie

jiu dian
hotel
qing nian lü xing she
hostel
ROOMS
EXCHANGE
wai bi dui huan chu
casă de schimb valutar
shou ti xiang
valiză
qi che
autovehicul

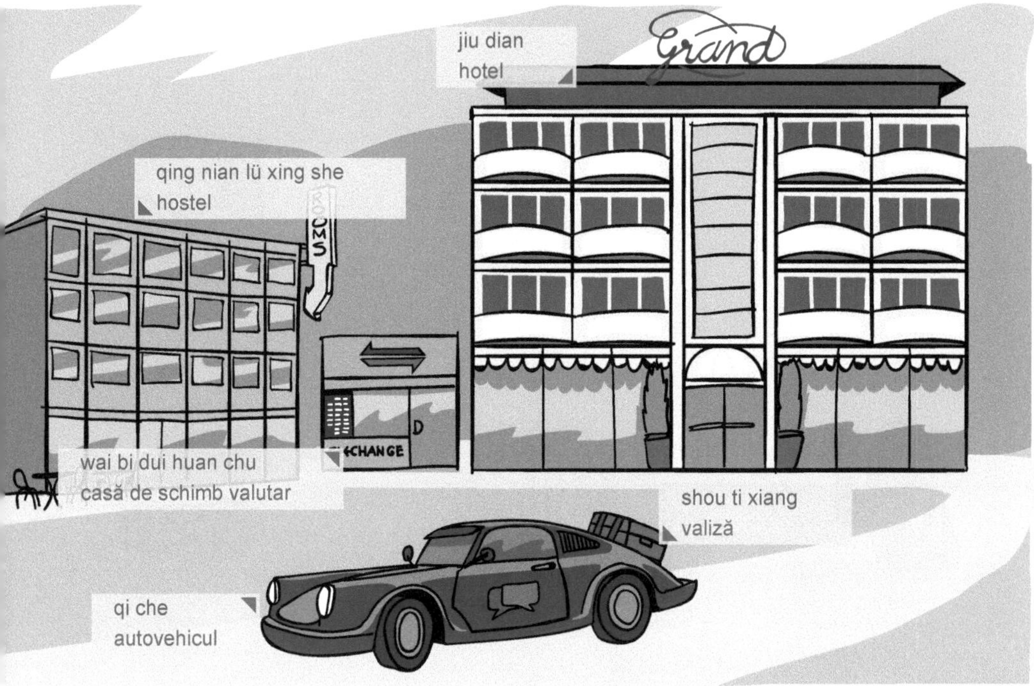

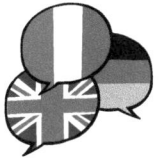

yu yan
limbă

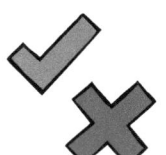

shi/fou
da/nu

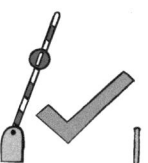

hao de
okay

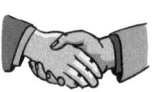

nin hao
Bună!

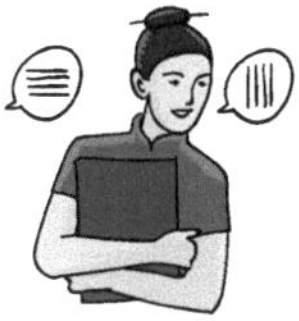

fan yi yuan
interpret

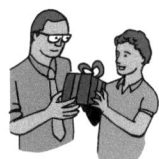

xie xie
mulțumesc

......duo shao qian?

Cât costă...?

wo bu ming bai

Nu înțeleg

wen ti

problemă

wan shang hao!

Bună seara!

zao shang hao!

Bună dimineața!

wan an!

Noapte bună!

zai jian

la revedere

fang xiang

direcție

xing li

bagaj

bao

geantă

shuang jian bao

rucsac

ke ren

oaspete

fang jian

cameră

shui dai

sac de dormit

zhang peng

cort

lü you xin xi

punct de informare turistică

hai tan

plajă

xin yong ka

carte de credit

zao can

mic dejun

wu can

masa de prânz

wan can

cină

piao

bilet de călătorie

dian ti

lift

you piao

timbru poștal

bian jie

graniță

hai guan

vamă

da shi guan

ambasadă

qian zheng

viză

hu zhao

pașaport

jiao tong yun shu

transport

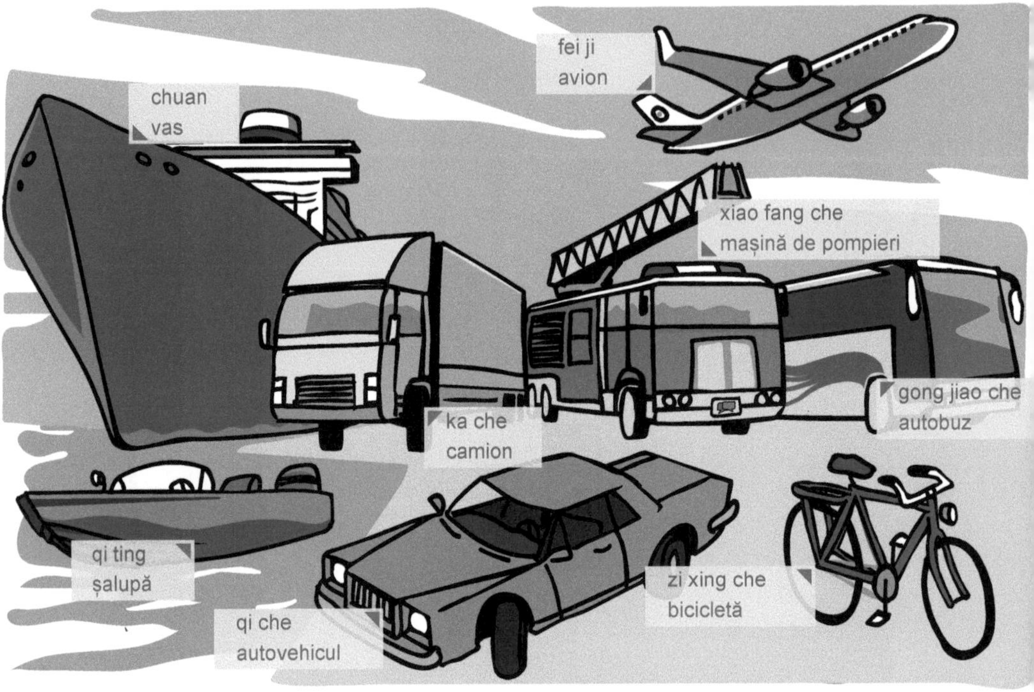
fei ji
avion
chuan
vas
xiao fang che
mașină de pompieri
gong jiao che
autobuz
ka che
camion
qi ting
șalupă
zi xing che
bicicletă
qi che
autovehicul

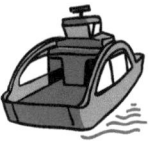

bai du chuan

feribot

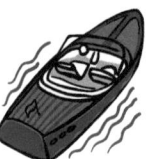

xiao chuan

barcă

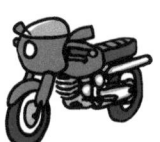

mo tuo che

motocicletă

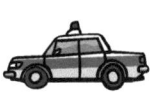

jing che

mașină de poliție

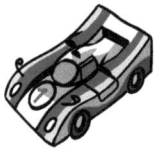

sai che

mașină de curse

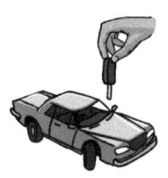

zu che

mașină închiriată

pin che

car sharing

tuo che

mașină de tractat

la ji che

mașină de gunoi

fa dong ji

motor

qi you

combustibil

jia you zhan

benzinărie

jiao tong biao zhi

semn de circulație

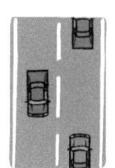

jiao tong

trafic

jiao tong du sai

ambuteiaj

ting che chang

parcare

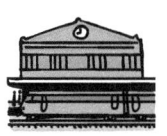

huo che zhan

gară

gui dao

șine

huo che

tren

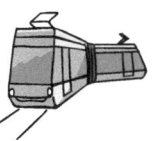

dian che

tramvai

huo che

vagon

zhi sheng ji

elicopter

ji chang

aeroport

ta

turn

cheng ke

pasager

ji zhuang xiang

container

zhi ban xiang

carton

shou tui che

căruţă

lan zi

coş

qi fei/jiang luo

a decola/a ateriza

cheng shi

oraş

cun zhuang

sat

shi zhong xin

centru

fang zi

casă

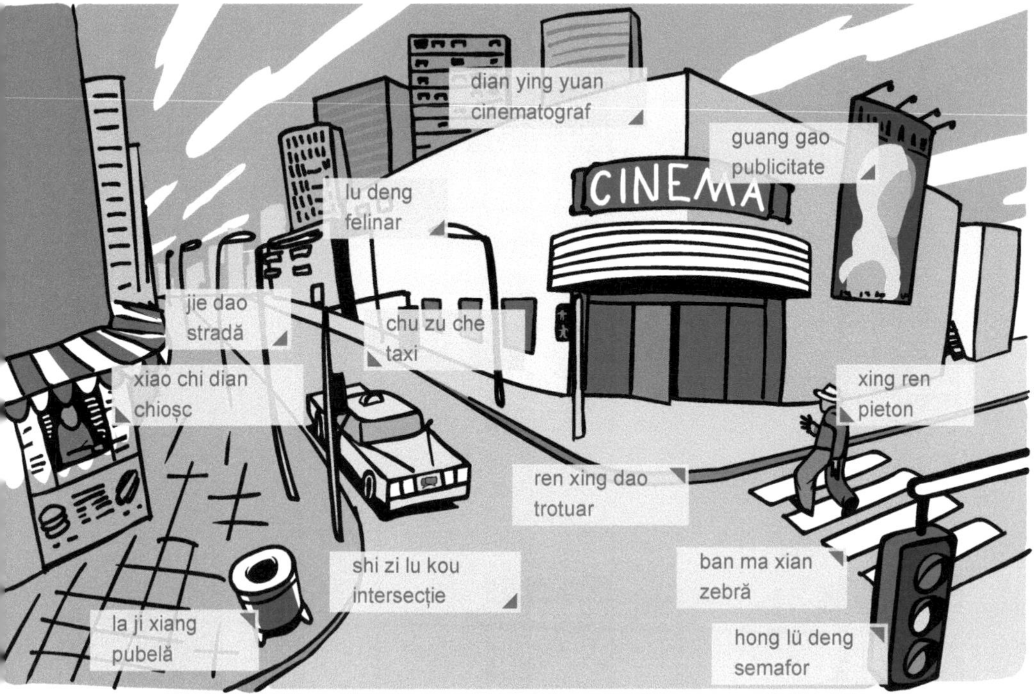

dian ying yuan
cinematograf

guang gao
publicitate

lu deng
felinar

CINEMA

jie dao
stradă

chu zu che
taxi

xing ren
pieton

xiao chi dian
chioșc

ren xing dao
trotuar

shi zi lu kou
intersecție

ban ma xian
zebră

la ji xiang
pubelă

hong lü deng
semafor

xiao wu

cabană

gong yu

apartament

huo che zhan

gară

shi zheng ting

primărie

bo wu guan

muzeu

xue xiao

școală

da xue

universitate

yin hang

bancă

yi yuan

spital

jiu dian

hotel

yao fang

farmacie

ban gong shi

birou

shu dian

librărie

shang dian

magazin

hua dian

florărie

chao shi

supermarket

shi chang

piață

bai huo shang dian

magazin universal

yu dian

comerciant de pește

gou wu zhong xin

centru comercial

hai gang

port

cheng shi - oraș

gong yuan

parc

chang deng

bancă

qiao

pod

lou ti

trepte

di tie

metrou

sui dao

tunel

gong jiao che zhan

staţie de autobuz

jiu ba

bar

can guan

restaurant

you tong

cutie poştală

lu biao

tăbliţă indicatoare cu
numele străzii

ting che ji shi qi

parcometru

dong wu yuan

grădină zoologică

you yong guan

piscină

qing zhen si

moschee

nong chang

gospodărie țărănească

wu ran

poluare

mu di

cimitir

jiao tang

biserică

cao chang

loc de joacă

si miao

templu

di xing
peisaj

shu ye
frunză

zhi shi pai
indicator

lu
drum

cao di
pajiște

shi tou
piatră

shu
copac

tu bu lü xing zhe
drumeț

he
râu

cao
iarbă

hua
floare

xia gu

vale

shan

deal

hu

lac

sen lin

pădure

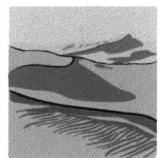

sha mo

deșert

huo shan

vulcan

cheng bao

castel

cai hong

curcubeu

mo gu

ciupercă

zong lü shu

palmier

wen zi

țânțar

cang ying

muscă

ma yi

furnică

mi feng

albină

zhi zhu

păianjen

jia chong

gândac

qing wa

broască

song shu

veveriță

ci wei

arici

ye tu

iepure

mao tou ying

bufniță

niao

pasăre

tian e

lebădă

ye zhu

porc mistreț

lu

cerb

mi lu

elan

shui ba

dig

feng li fa dian ji

turbină eoliană

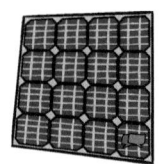

tai yang neng dian chi ban

panou solar

qi hou

climă

can guan
restaurant

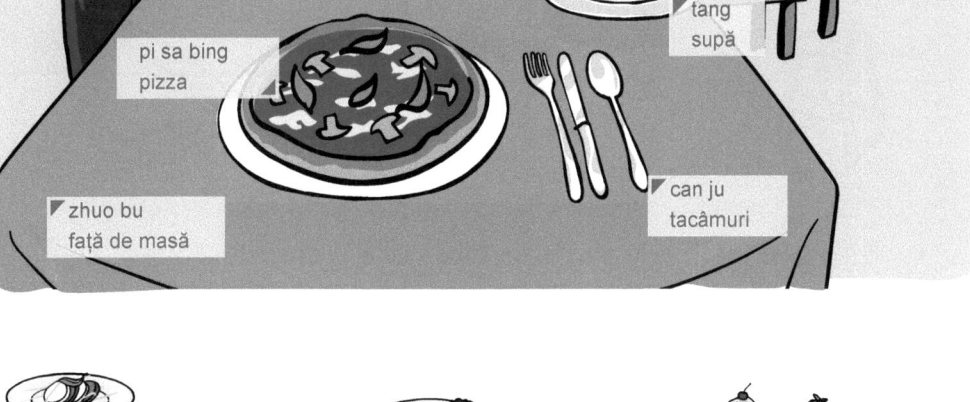

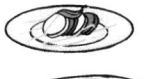

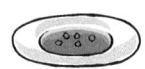

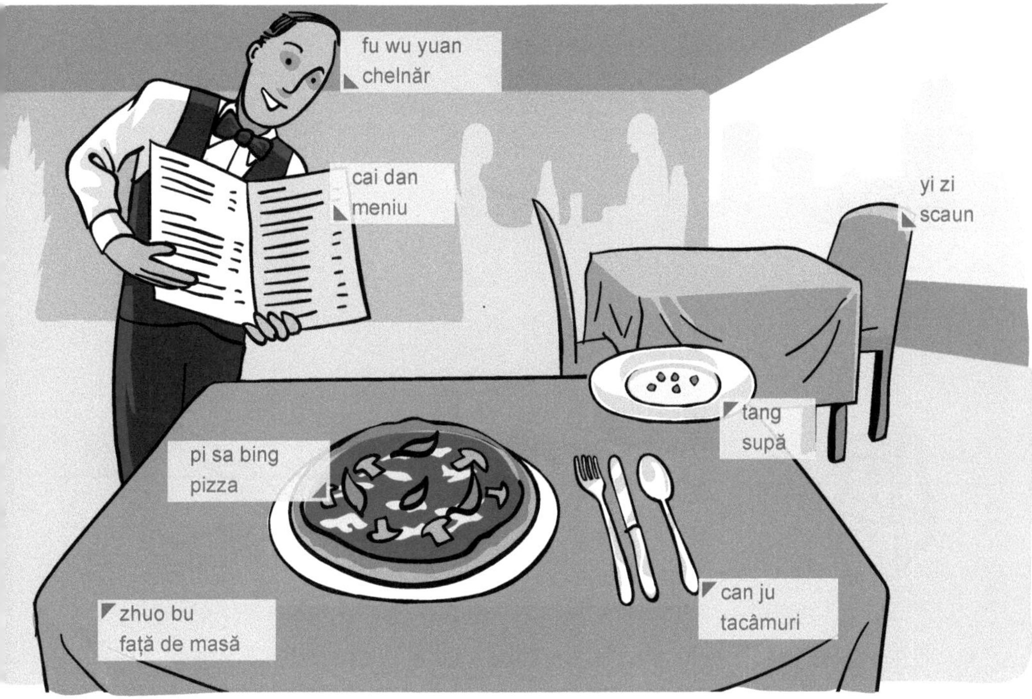

fu wu yuan
chelnăr
cai dan
meniu
yi zi
scaun
tang
supă
pi sa bing
pizza
can ju
tacâmuri
zhuo bu
față de masă

qian cai

antreu

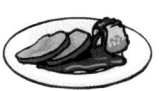

zhu cai

fel principal

tian dian

desert

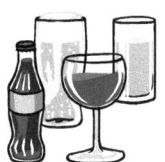

yin liao

băuturi

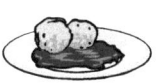

shi wu

mâncare

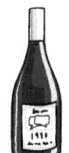

ping zi

sticlă

kuai can

fastfood

jie bian xiao chi

streetfood

cha hu

ceainic

tang he

zaharniţă

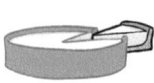

yi fen fan cai

porţie

yi shi ka fei ji

espressor

gao jiao yi

scaun înalt (pentru copii)

zhang dan

factură

tuo pan

tavă

dao

cuţit

can cha

furculiţă

shao zi

lingură

cha chi

linguriţă

can jin

şerveţel

bo li bei

pahar

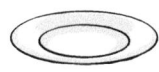

die zi

farfurie

tang pan

farfurie de supă

die zi

farfurie

jiang

sos

yan ping

solniță

hu jiao mo

râșniță de piper

cu

oțet

shi yong you

ulei

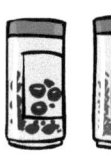

tiao wei liao

condimente

fan qie jiang

ketchup

jie mo

muștar

dan huang jiang

maioneză

chao shi

supermarket

te jia
ofertă
FOR
gu ke
client
ru zhi pin
produse lactate
shui guo
fructe
gou wu che
cărucior de cumpărături

BUTCHERS
rou pu
măcelărie

BAKERY
mian bao fang
brutărie

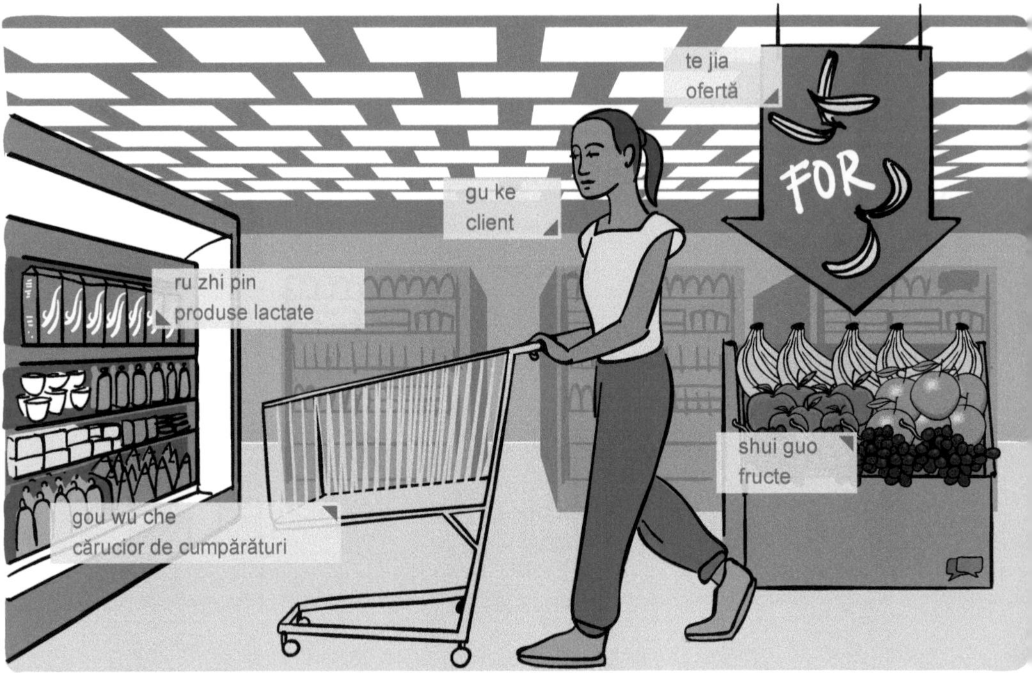

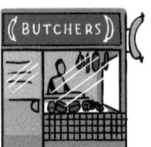

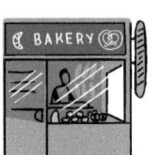

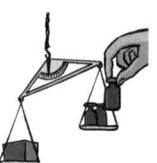

cheng zhong
a cântări

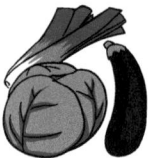

shu cai
legume

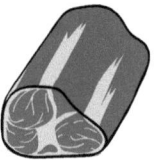

rou
carne

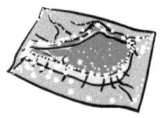

leng dong shi pin
alimente refrigerate

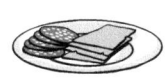

leng pan

mezeluri și brânzeturi feliate

guan tou shi pin

conserve

xi yi fen

detergent

tian shi

dulciuri

ri yong pin

articole de menaj

qing jie yong pin

produse de curățenie

xiao shou yuan

vânzătoare

shou yin ji

casă

shou yin yuan

casier

gou wu qing dan

listă de cumpărături

kai fang shi jian

orar

qian bao

portmoneu

xin yong ka

carte de credit

dai zi

geantă

su liao dai

pungă de plastic

shui

apă

guo zhi

suc

niu nai

lapte

ke le

cola

hong jiu

vin

pi jiu

bere

jiu

alcool

ke ke

cacao

cha

ceai

ka fei

cafea

yi shi nong suo ka fei

espresso

ka bu qi nuo

cappucino

xiang jiao

banane

ping guo

măr

cheng zi

portocală

xi gua

pepene

ning meng

lămâie

hu luo bo

morcov

da suan

usturoi

zhu zi

bambus

yang cong

ceapă

mo gu

ciupercă

jian guo

nuci

mian tiao

paste făinoase

yi da li mian tiao

spagheti

mi fan

orez

sha la

salată

shu tiao

cartofi prăjiți

zha tu dou

cartofi țărănești

pi sa bing

pizza

han bao bao

hamburger

san ming zhi

sandwich

zha zhu pai

șnițel

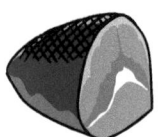

huo tui

șuncă

sa la mi

salam

xiang chang

cârnați

ji rou

pui

kao rou

friptură

yu

pește

yan mai pian

fulgi de ovăz

mu zi li

musli

yu mi pian

cereale

mian fen

făină

yang jiao mian bao

corn

mian bao juan

chifle

mian bao

pâine

kao mian bao

pâine prăjită

bing gan

biscuiţi

huang you

unt

ning ru

brânză de vaci

dan gao

prăjitură

dan

ou

jian dan

ouă ochiuri

nai lao

brânză

bing ji lin

îngheţată

tang

zahăr

feng mi

miere

guo jiang

marmeladă

qiao ke li jiang

cremă nuga

ga li fan

curry

nong chang
gospodărie țărănească

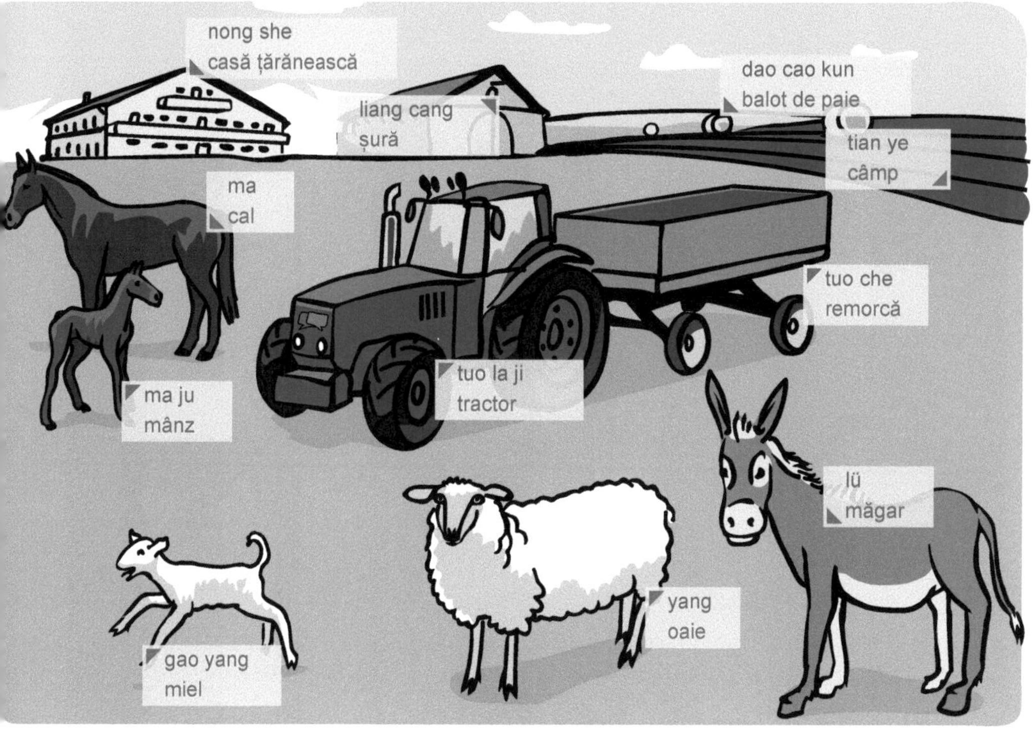
nong she
casă țărănească
liang cang
șură
dao cao kun
balot de paie
tian ye
câmp
ma
cal
tuo che
remorcă
tuo la ji
tractor
ma ju
mânz
lü
măgar
yang
oaie
gao yang
miel

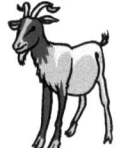

shan yang
capră

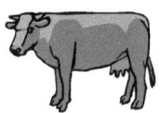

nai niu
vacă

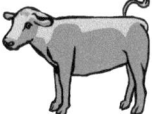

niu du
vițel

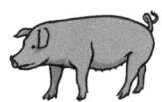

zhu
porc

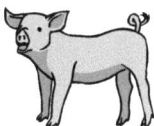

xiao zhu
purcel

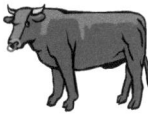

gong niu
taur

e
....
găină

ya
....
rață

xiao ji
....
pui

mu ji
....
găină

gong ji
....
cocoș

shu
....
șobolan

mao
....
pisică

lao shu
....
șoarece

niu
....
bou

gou
....
câine

gou wu
....
cușcă

hua yuan jiao shui ruan
................guan...
furtun de grădină

sa shui hu
....
stropitoare

chang bing da lian dao
....
coasă

li
....
plug

lian dao

secerǎ

chu tou

sapǎ

chang bing cao pa

furcǎ

fu tou

secure

du lun shou tui che

roabǎ

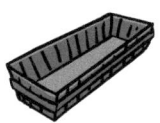

si liao cao

troacǎ

niu nai guan

canǎ pentru lapte

ma bu dai

sac

zha lan

gard

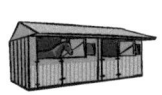

ma jiu

grajd

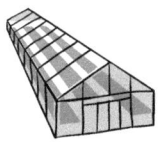

wen shi

serǎ

tu rang

sol

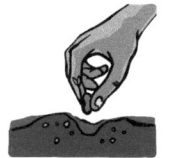

zhong zi

sǎmânțǎ

fei liao

fertilizator

lian he shou ge ji

combinǎ de treierat

shou ge

a culege

shou ge

recoltă

shan yao

cartof yam

xiao mai

grâu

da dou

soia

tu dou

cartof

yu mi

porumb

you cai zi

rapiță

guo shu

pom fructifer

shu shu

manioc

gu wu

cereale

fang zi
casă

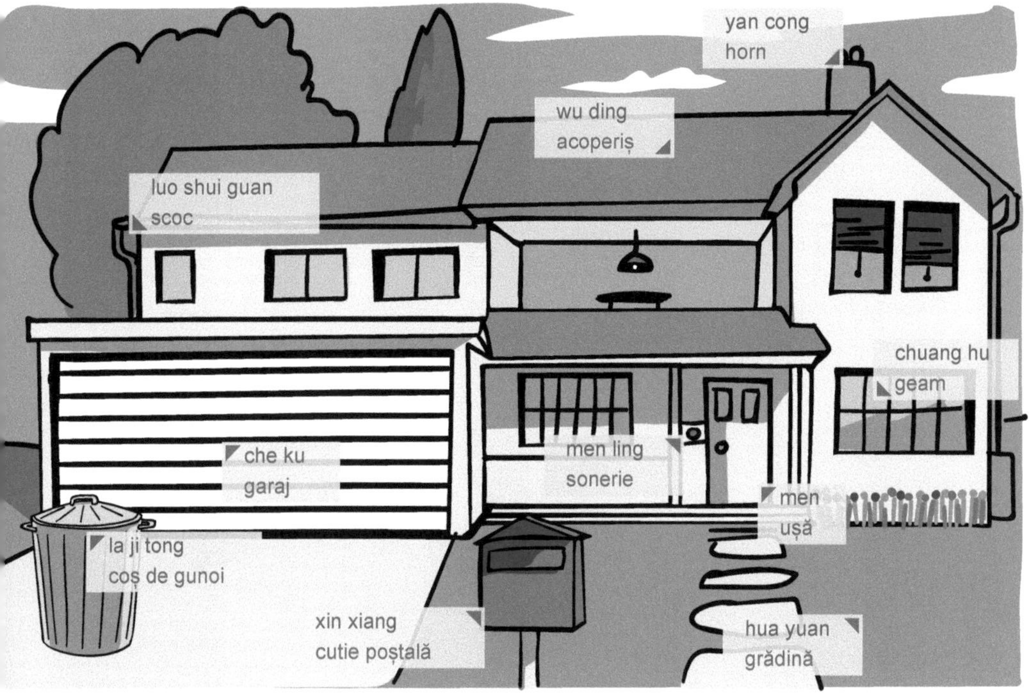

yan cong
horn
wu ding
acoperiș
luo shui guan
scoc
chuang hu
geam
che ku
garaj
men ling
sonerie
men
ușă
la ji tong
coș de gunoi
xin xiang
cutie poștală
hua yuan
grădină

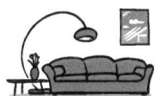

ke ting

camеră de zi

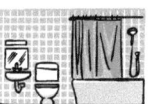

yu shi

baie

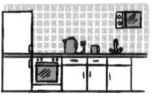

chu fang

bucătărie

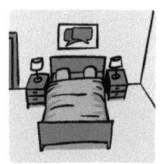

wo shi

dormitor

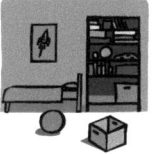

er tong fang

camera copiilor

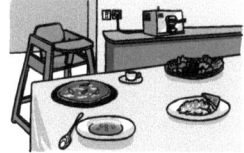

can ting

sufragerie

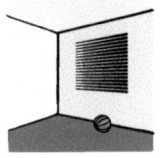

di ban

podea

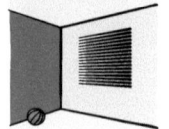

qiang bi

perete

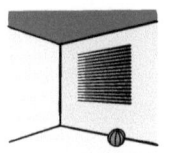

diao ding

tavan

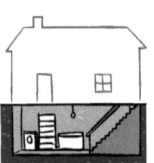

di jiao

pivniţă

sang na

saună

yang tai

balcon

lu tai

terasă

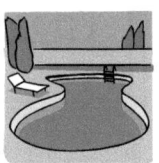

you yong chi

piscină

ge cao ji

maşină de tuns iarba

bei dan

cearşaf

chuang zhao

cuvertură

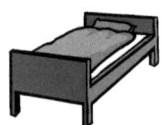

chuang

pat

sao zhou

mătură

shui tong

găleată

kai guan

întrerupător

ke ting
cameră de zi

bi zhi
tapet
zhao pian
pictură
tai deng
lampă
ge jia
raft
chu gui
dulap
dian shi ji
televizor
bi lu
șemineu
hua
floare
dian zi
pernă
sha fa
sofa
hua ping
vază
yao kong qi
telecomandă

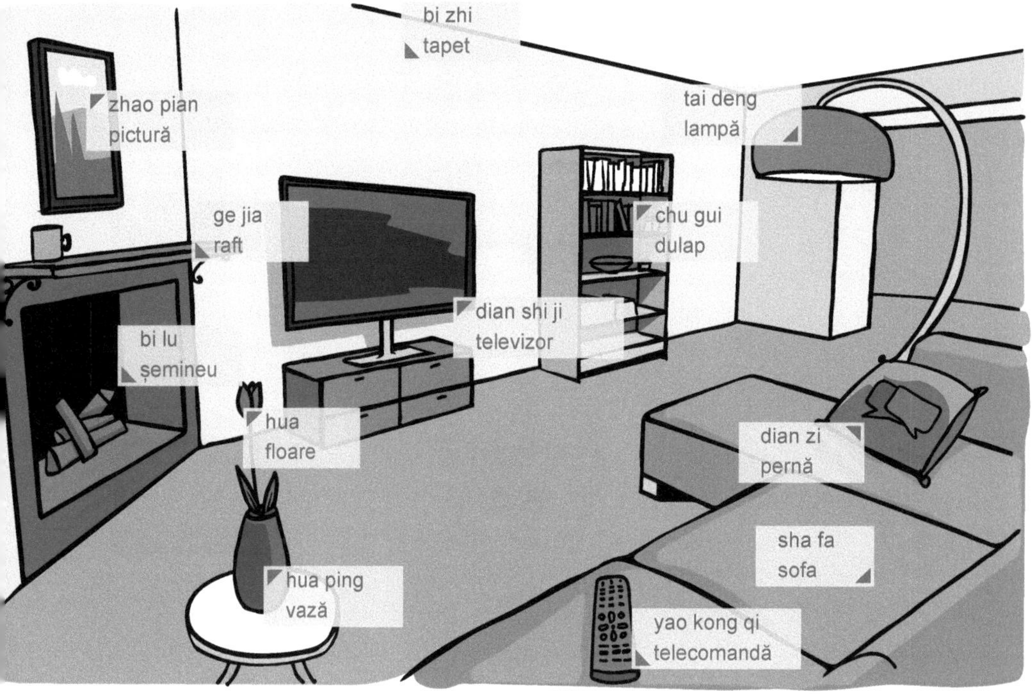

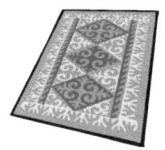

di tan

covor

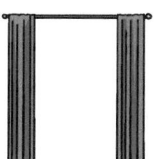

chuang lian

perdea

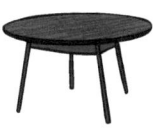

can zhuo

masă

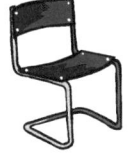

yi zi

scaun

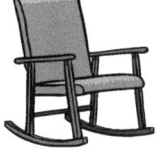

yao yi

balansoar

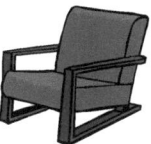

fu shou yi

fotoliu

shu

carte

tan zi

pătură

zhuang shi pin

decoraţiune

mu chai

lemn de foc

dian ying

film

gao bao zhen yin xiang

instalaţie stereo

yao shi

cheie

bao zhi

ziar

you hua

desen

hai bao

poster

shou yin ji

radio

bi ji ben

caiet de notiţe

xi chen qi

aspirator

xian ren zhang

cactus

la zhu

lumânare

chu fang
bucătărie

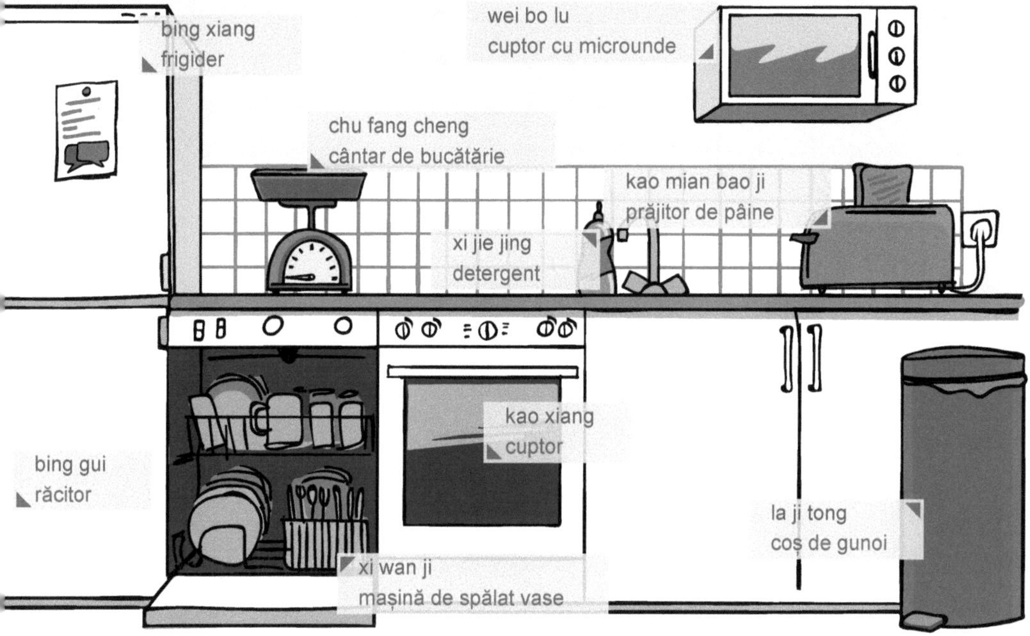

bing xiang
frigider
wei bo lu
cuptor cu microunde
chu fang cheng
cântar de bucătărie
kao mian bao ji
prăjitor de pâine
xi jie jing
detergent
kao xiang
cuptor
bing gui
răcitor
la ji tong
coș de gunoi
xi wan ji
mașină de spălat vase

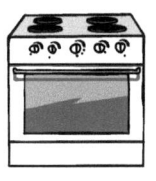

chui ju

cuptor

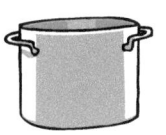

guo

oală

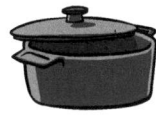

zhu tie guo

oală de metal

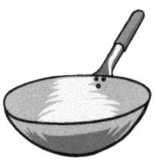

sha guo

wok/kadai

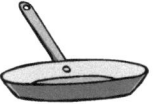

ping di guo

tigaie

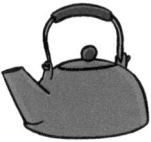

shui hu

ceainic

zheng guo

oală de gătit cu aburi

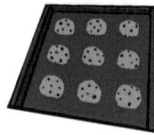

kao pan

tavă de copt

tao ci guo

veselă

ma ke bei

pahar

wan

bol

kuai zi

bețișoare

chang bing shao

polonic

chan zi

spatulă

jiao ban qi

tel

lü wang

sită

shai zi

sită

mo sui ji

răzătoare

yan bo

mojar

shao kao

grătar

ming huo

loc pentru grătar

cai ban

tocător

gan mian zhang

sucitor

kai ping qi

tirbușon

guan zi

conservă

kai ping qi

deschizător de conserve

ge re shou tao

șervete termice

shui cao

chiuvetă

shua zi

perie

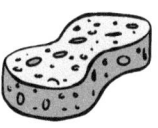

hai mian

burete

jiao ban ji

mixer

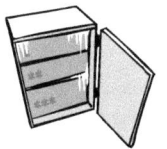

leng cang xiang

ladă frigorifică

nai ping

biberon

shui long tou

robinet

yu shi

baie

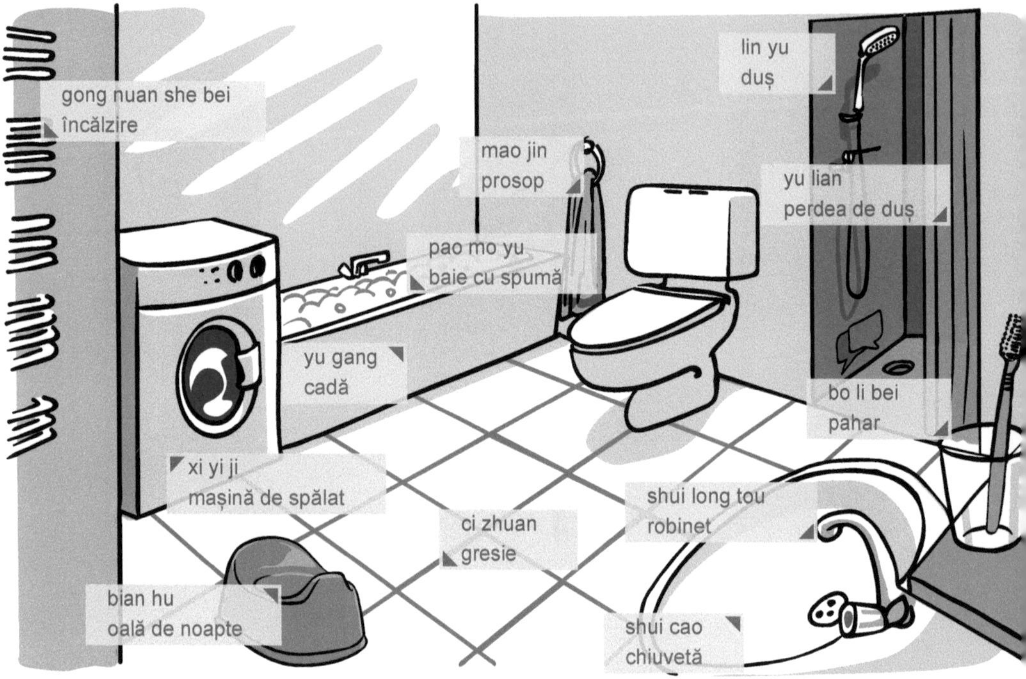

gong nuan she bei
încălzire
lin yu
duș
mao jin
prosop
yu lian
perdea de duș
pao mo yu
baie cu spumă
yu gang
cadă
bo li bei
pahar
xi yi ji
mașină de spălat
shui long tou
robinet
ci zhuan
gresie
bian hu
oală de noapte
shui cao
chiuvetă

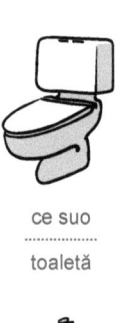

ce suo
toaletă

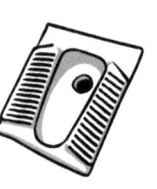

dun bian qi
toaletă turcescă

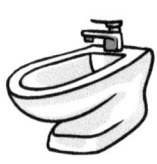

zuo yu qi
bideu

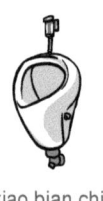

xiao bian chi
pisoir

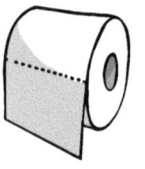

ce zhi
hârtie igienică

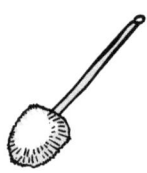

ma tong shua
perie de toaletă

ya shua

periuță de dinți

ya gao

pastă de dinți

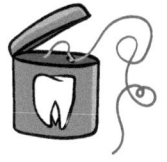

ya xian

ață dentară

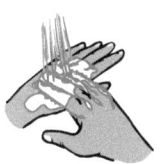

xi

a spăla

shou chi shi pen lin tou

cap de duș

chong xi qi

duș intim

xi lian pen

lavoar

ca bei shua

perie pentru spate

fei zao

săpun

mu yu lu

gel de duș

xi fa shui

șampon

fa lan rong

cârpă de spălat

pai shui

scurgere

ru shuang

cremă

chu chou ji

deodorant

jing zi

oglindă

shou jing

oglindă cosmetică

ti xu dao

aparat de ras

ti xu pao mo

spumă de ras

xu hou shui

aftershave

shu zi

pieptene

shua zi

perie

chui feng ji

uscător de păr

pen fa ding xing ji

fixator

hua zhuang pin

machiaj

chun gao

ruj

zhi jia you

lac de unghii

hua zhuang mian

vată

zhi jia jian

foarfece de unghii

xiang shui

parfum

xi shu bao

neseser

deng zi

taburet

ji zhong cheng

cântar

yu pao

halat de baie

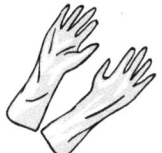

xiang jiao shou tao

mănuși de cauciuc

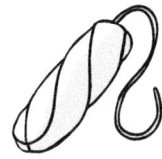

wei sheng mian tiao

tampon

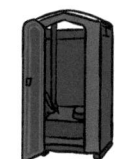

wei sheng jin

tampon

hua xue ce suo

toaletă chimică

er tong fang
camera copiilor

nao zhong
ceas deșteptător
mao rong wan ju
jucărie de pluș
wan ju che
mașină de jucărie
bo lang gu
morișcă
wan ju wu
casă de păpuși
li wu
cadou

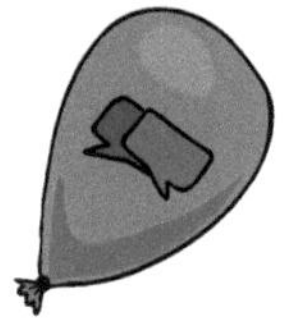

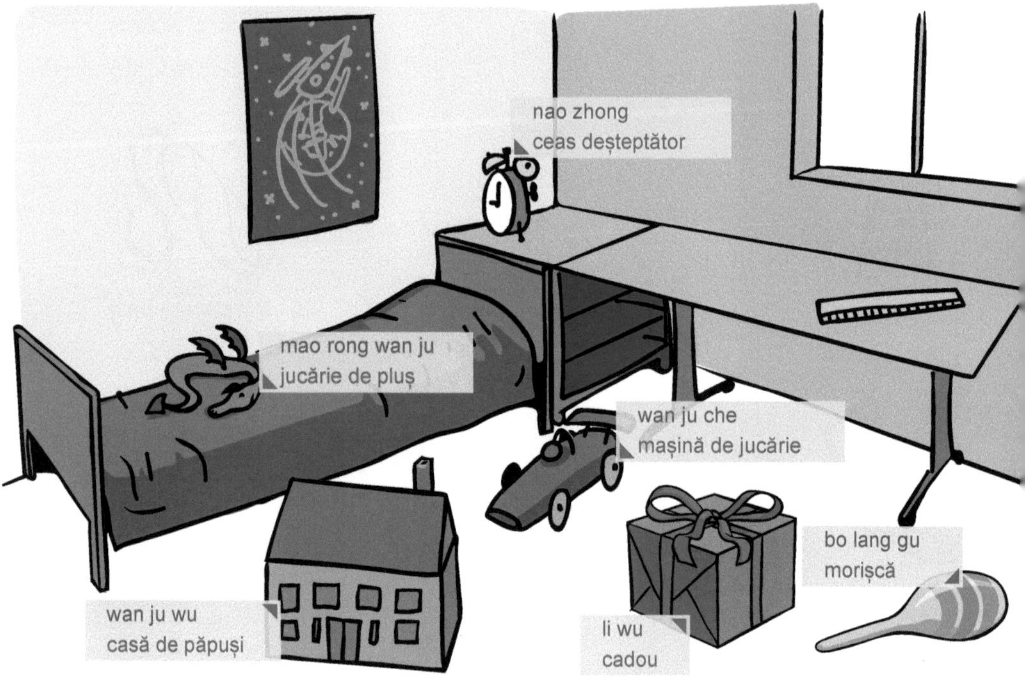

qi qiu

balon

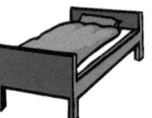

chuang

pat

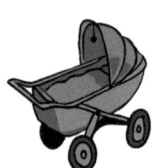

(yang wa wa yong)ying er che

cărucior de copii

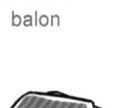

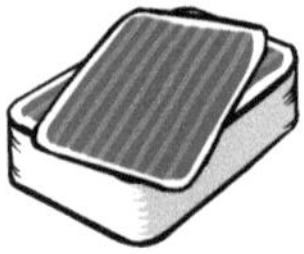

pu ke pai

joc de cărți

pin tu

puzzle

SUPER
MEGA

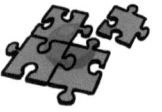

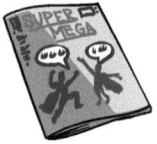

man hua

revistă de benzi desenate

le gao ji mu

cuburi lego

ji mu wan ju

piese pentru construcții

wan ju ren

personaj din filmele de acțiune

ying er fu

body

fei pan

frisbee

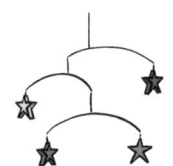

chuang ling wan ju

mobil

qi pan you xi

joc de societate

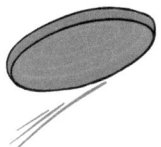

shai zi

zar

huo che mo xing

set trenuleț de jucărie

an fu nai zui

suzetă

ju hui

petrecere

hui ben

carte cu poze

qiu

minge

yang wa wa

păpușă

wan

a se juca

sha keng

groapă de nisip

qiu qian

leagăn

wan ju

jucării

you xi ji

consolă video

san lun che

tricicletă

tai di xiong

ursuleț

yi chu

dulap

yi fu

îmbrăcăminte

wa zi

șosete

chang wa

ciorapi

jin shen ku

dres

wei jin
şal

pi dai
curea

yu san
umbrelă

T xu
tricou

xue zi
cizme

tuo xie
papuci

yun dong xie
pantofi sport

liang xie
sandale

xie
încălţăminte

yu xue
cizme de cauciuc

nei ku
chilot

xiong zhao
sutien

bei xin
maiou

shen ti

body

ku zi

pantaloni

niu zai ku

blugi

duan qun

fustă

nü shi chen shan

bluză

chen shan

cămaşă

tao tou shan

pulover

wei yi

jerseu

xi zhuang jia ke

sacou

jia ke

jachetă

wai tao

palton

yu yi

pelerină de ploaie

tao zhuang

costum

lian yi qun

rochie

hun sha

rochie de mireasă

xi zhuang

costum

shui pao

cămașă de noapte

shui yi

pijama

sha li

sari

tou jin

batic

bao tou jin

turban

bo ka

burka

ka fu tan

caftan

(a la bo shi)chang pao

abaya

yong yi

costum de baie

nan shi yong ku

șort

duan ku

pantaloni scurți

yun dong fu

trening

wei qun

șorț

shou tao

mănuși

niu kou

nasture

yan jing

ochelari

shou lian

brățară

xiang lian

lanț

jie zhi

inel

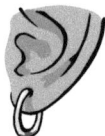

er huan

cercel

bian mao

căciulă

yi jia

umeraș

mao zi

pălărie

ling dai

cravată

la lian

fermoar

tou kui

cască

bei dai

bretele

xiao fu

uniformă școlară

zhi fu

uniformă

wei dou

baveţică

an fu nai zui

suzetă

niao bu shi

scutec

ban gong shi
birou

wen jian gui
dulap de acte

fu wu qi
server

da yin ji
imprimantă

xian shi ping
monitor

zhi
hârtie

ban gong zhuo
masă de birou

shu biao
mouse

wen jian jia
fişier

jian pan
tastatură

fei zhi kuang
coş de gunoi

dian nao
computer

yi zi
scaun

ka fei bei

ceaşcă de cafea

ji suan qi

calculator

yin te wang

internet

bi ji ben dian nao

laptop

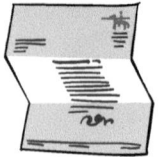

xin jian

scrisoare

xiao xi

mesaj

shou ji

telefon mobil

wang luo

rețea

fu yin ji

copiator

ruan jian

software

dian hua

telefon

cha zuo

priză

chuan zhen ji

fax

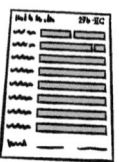

biao ge

formular

wen jian

document

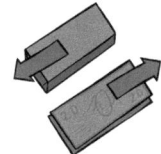

mai

a cumpăra

fu qian

a plăti

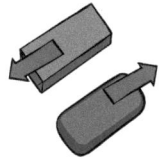

jiao yi

a face comerț

xian jin

bani

mei yuan

Dolar

ou yuan

Euro

ri yuan

Yen

lu bu

Rublă

rui shi fa lang

Franc Elvețian

ren min bi

renminbi yuan

lu bi

Rupie

ti kuan chu

bancomat

wai bi dui huan chu

casă de schimb valutar

jin

aur

yin

argint

shi you

petrol

neng yuan

energie

jia ge

preț

he tong

contract

shui jin

impozit

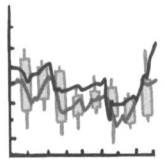

gu piao

acțiune

gong zuo

a munci

zhi yuan

angajat

lao ban

angajator

gong chang

fabrică

shang dian

magazin

zhi ye
ocupații

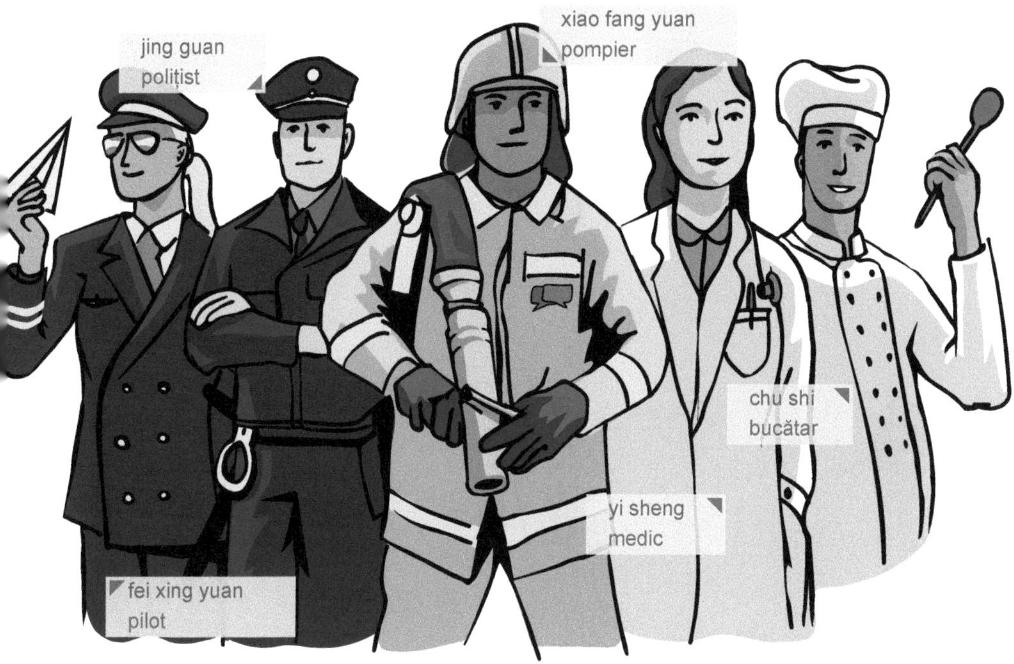

jing guan
polițist
xiao fang yuan
pompier
chu shi
bucătar
yi sheng
medic
fei xing yuan
pilot

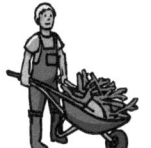

yuan ding

grădinar

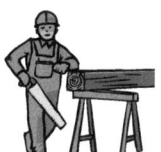

mu jiang

tâmplar

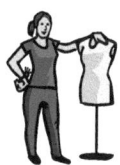

cai feng

cusătoreasă

fa guan

judecător

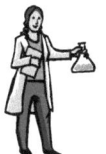

hua xue jia

chimist

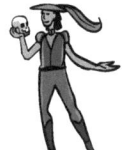

yan yuan

actor

gong jiao che si ji

șofer de autobuz

chu zu che si ji

șofer de taxi

yu fu

pescar

qing jie nü gong

femeie de serviciu

wu ding gong

tinichigiu

fu wu yuan

chelnăr

lie ren

vânător

hua jia

pictor

mian bao shi

brutar

dian gong

electrician

jian zhu gong ren

muncitor în construcții

gong cheng shi

inginer

tu fu

măcelar

shui guan gong

instalator

you di yuan

poștaș

shi bing

soldat

jian zhu shi

arhitect

shou yin yuan

casier

hua nong

florar

li fa shi

frizer

shou piao yuan

controlor

ji xie shi

mecanic

chuan zhang

căpitan

ya yi

stomatolog

ke xue jia

om de știință

la bi

rabin

yi ma mu

imam

he shang

călugăr

mu shi

preot

gong ju

instrumente

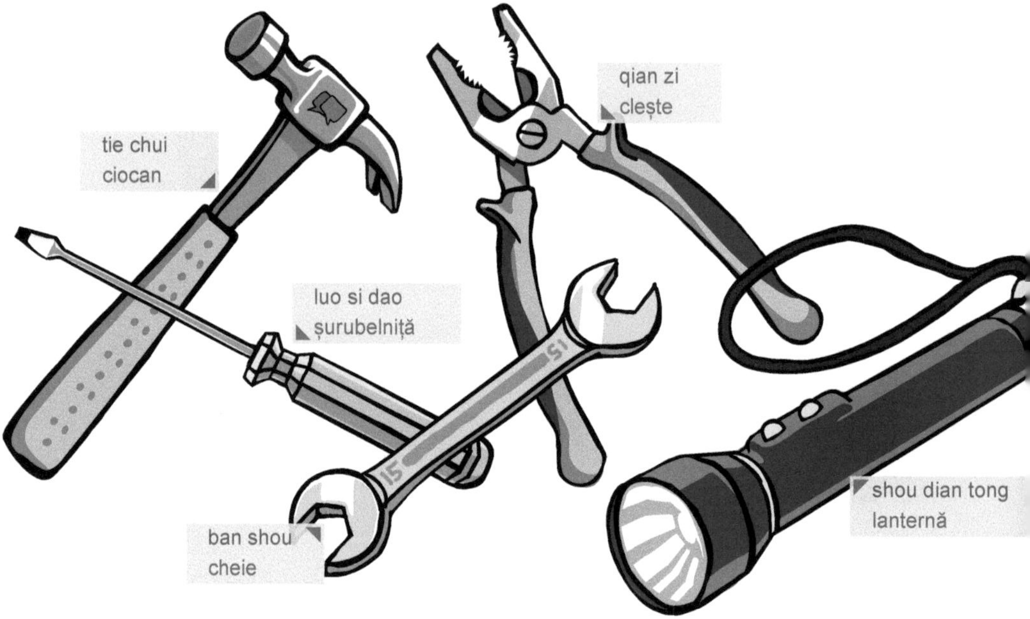

qian zi
cleşte
tie chui
ciocan
luo si dao
şurubelniţă
shou dian tong
lanternă
ban shou
cheie

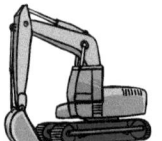

wa jue ji

excavator

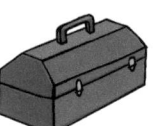

gong ju xiang

cutie de scule

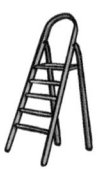

ti zi

scară

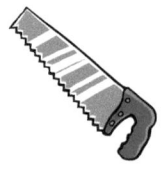

ju zi

ferăstrău

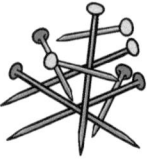

ding zi

cuie

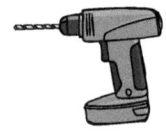

zuan ji

burghiu

xiu
....
a repara

chan zi
....
lopată

kao!
....
La naiba!

bo ji
....
făraș

you qi tong
....
vas pentru vopsea

luo si
....
șuruburi

yue qi

instrumente muzicale

yang sheng qi
difuzor

da ji yue qi
set tobe

ji ta
chitară

di yin ti qin
contrabas

xiao hao
trompetă

gang qin

pian

xiao ti qin

vioară

bei si

bas

ding yin gu

trombon

gu

tobă

dian zi qin

keyboard

sa ke si guan

saxofon

chang di

fluier

mai ke feng

microfon

yue qi - instrumente muzicale

dong wu yuan
grădină zoologică

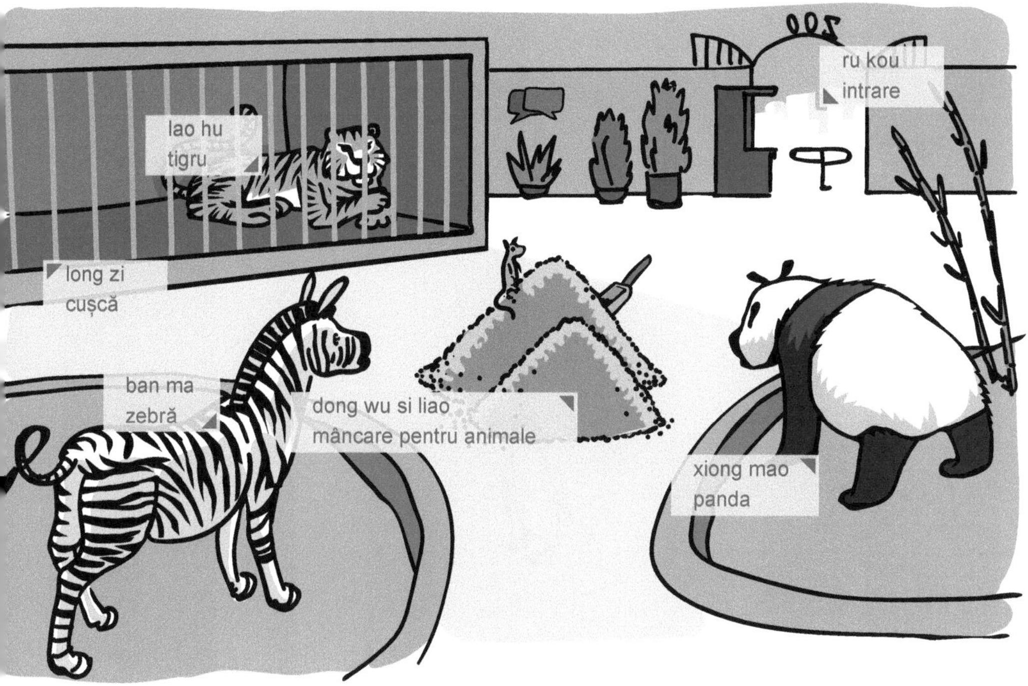

zoo
ru kou
intrare
lao hu
tigru
long zi
cușcă
ban ma
zebră
dong wu si liao
mâncare pentru animale
xiong mao
panda

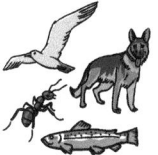

dong wu

animale

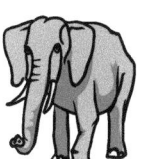

da xiang

elefant

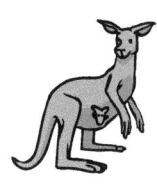

dai shu

cangur

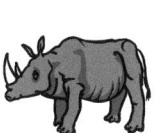

xi niu

rinocer

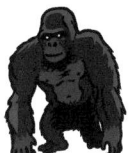

da xing xing

gorilă

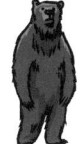

xiong

urs

luo tuo

cămilă

tuo niao

struț

shi zi

leu

hou zi

maimuță

huo lie niao

flamingo

ying wu

papagal

bei ji xiong

urs polar

qi e

pinguin

sha yu

rechin

kong que

păun

she

șarpe

e yu

crocodil

dong wu yuan guan li yuan

îngrijitor grădina zoologică

hai bao

focă

mei zhou bao

jaguar

ai zhong ma

ponei

bao

leopard

he ma

hipopotam

chang jing lu

girafă

lao ying

acvilă

ye zhu

porc mistreț

yu

pește

gui

broască țestoasă

hai xiang

morsă

hu li

vulpe

ling yang

gazelă

gan lan qiu
fotbal american

qi zi xing che
ciclism

wang qiu
tenis

lan qiu
basketball

you yong
înot

bing qiu
hockey pe gheață

quan ji
box

ying shi zu qiu

fotbal

yu mao qiu

badminton

tian jing

atletism

shou qiu

handbal

hua xue

schi

ma qiu

polo

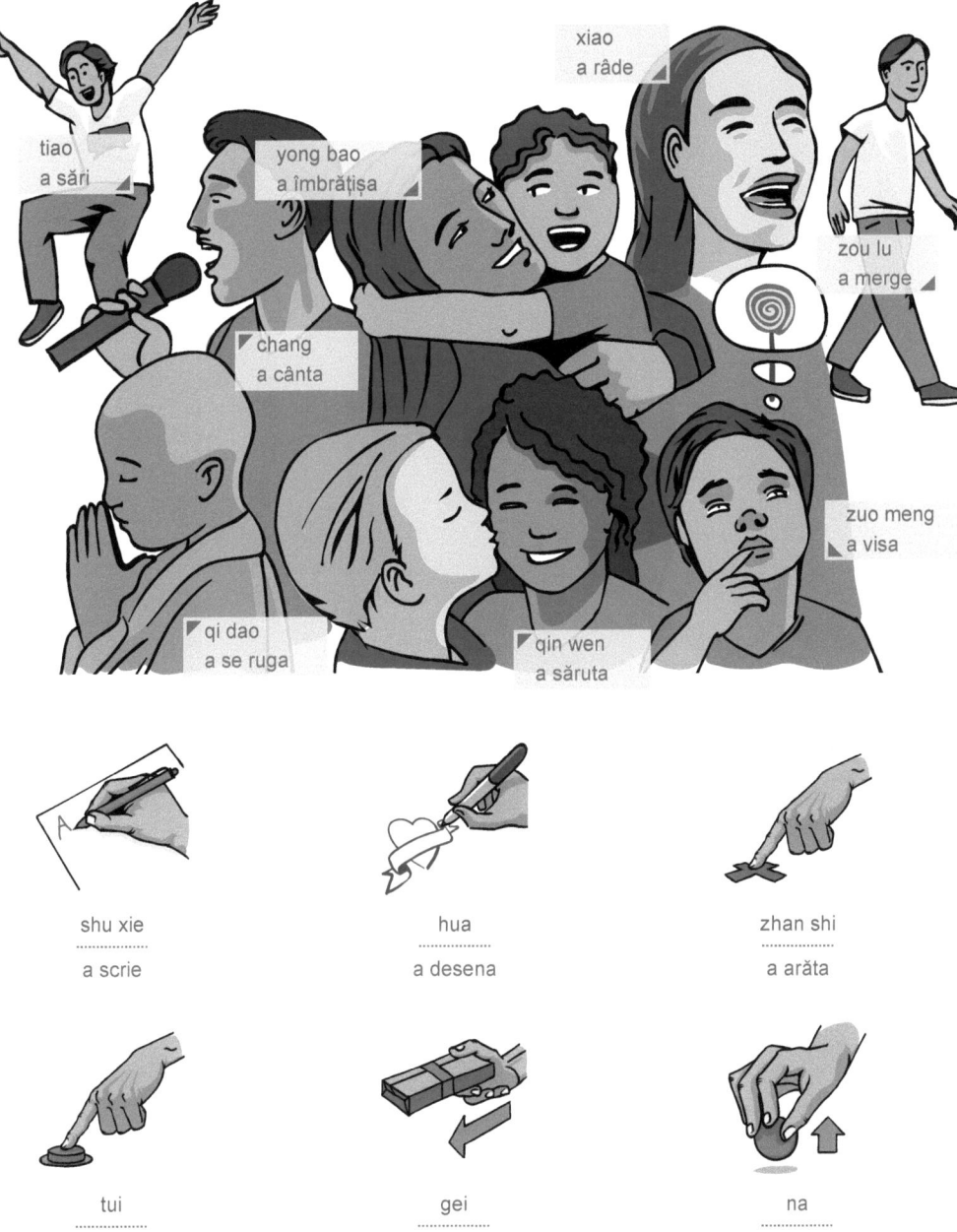

xiao
a râde

tiao
a sări

yong bao
a îmbrățișa

zou lu
a merge

chang
a cânta

zuo meng
a visa

qi dao
a se ruga

qin wen
a săruta

shu xie	hua	zhan shi
a scrie	a desena	a arăta
tui	gei	na
a împinge	a da	a lua

you
a avea

zuo
a face

dang
a fi

zhan
a sta în picioare

pao
a fugi

la
a trage

reng
a arunca

shuai dao
a cădea

tang
a sta întins

deng dai
a aștepta

xie dai
a purta

zuo
a ședea

chuan yi
a se îmbrăca

shui jiao
a dormi

xing lai
a se trezi

kan

a privi

ku

a plânge

fu mo

a mângâia

shu tou

a se pieptăna

jiao tan

a vorbi

ming bai

a înțelege

wen

a întreba

ting

a asculta

he

a bea

chi

a mânca

qing li

a face ordine

ai

a iubi

zuo fan

a găti

kai che

a conduce

fei

a zbura

hang xing

a naviga

ji suan

a calcula

du

a citi

xue xi

a învăța

gong zuo

a munci

jie hun

a se căsători

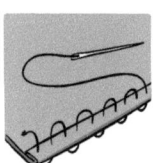

feng

a coase

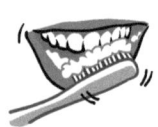

shua ya

a se spăla pe dinți

sha

a ucide

chou yan

a fuma

ji

a trimite

jia
familie

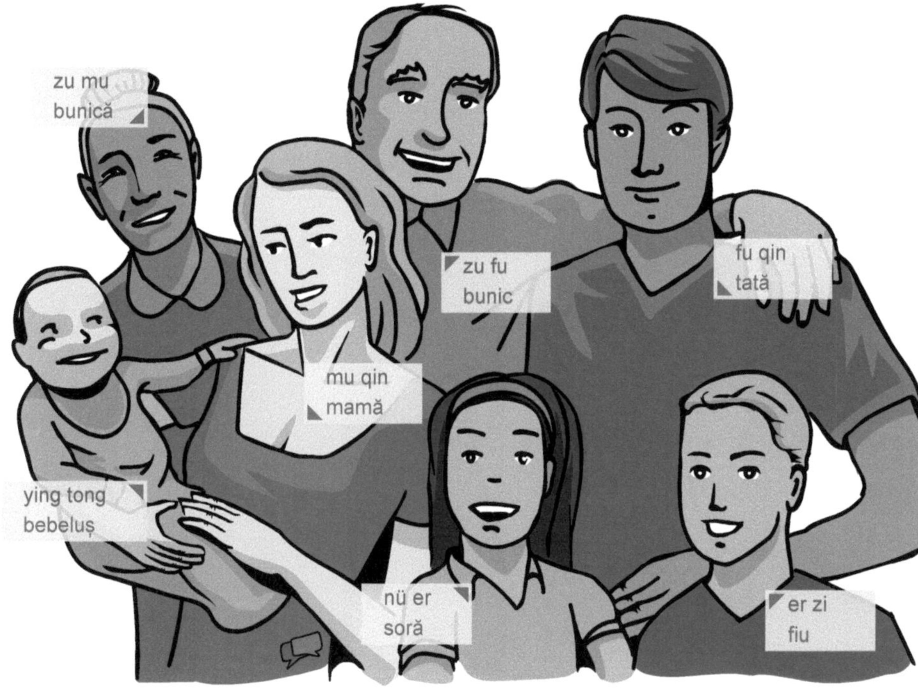

zu mu
bunică
zu fu
bunic
fu qin
tată
mu qin
mamă
ying tong
bebeluș
nü er
soră
er zi
fiu

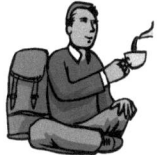

ke ren

oaspete

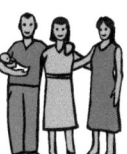

a yi

mătușă

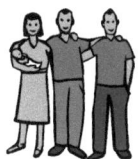

shu shu

unchi

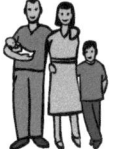

xiong di

frate

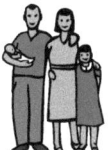

jie mei

soră

shen ti

corp

qian e
frunte
yan jing
ochi
jian bang
umăr
shou zhi
deget
lian
față
xia ba
bărbie
shou
mână
tui
picior
ru fang
piept
shou bi
braț

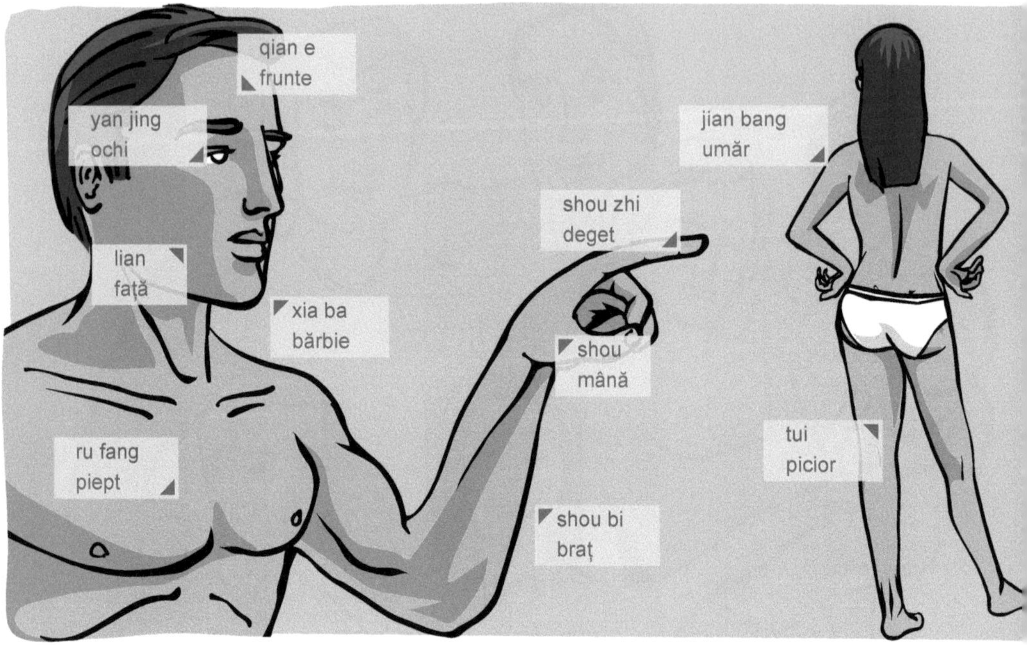

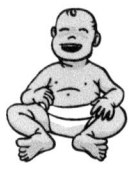

ying tong
bebeluș

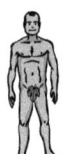

nan ren
bărbat

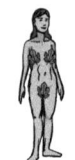

nü ren
femeie

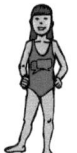

nü hai
fată

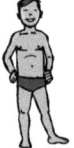

nan hai
băiat

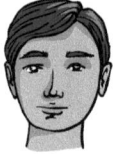

tou
cap

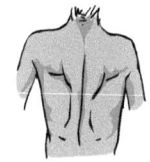

bei bu

spate

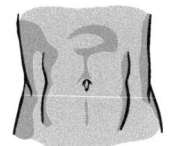

du zi

abdomen

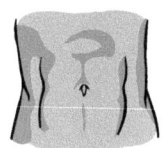

du qi

ombilic

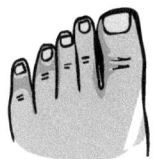

jiao zhi

deget de la picior

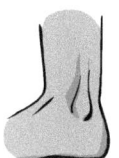

jiao hou gen

călcâi

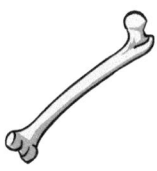

gu tou

os

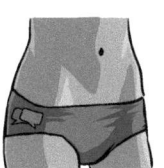

tun bu

șold

xi gai

genunchi

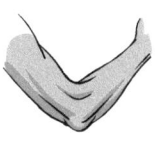

shou zhou

cot

bi zi

nas

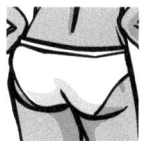

pi gu

fund

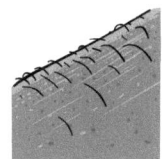

pi fu

piele

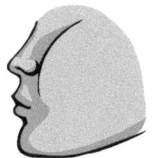

lian jia

obraz

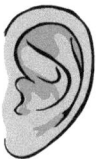

er duo

ureche

zui chun

buză

zui
....
gură

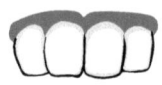

ya chi
....
dinte

she tou
....
limbă

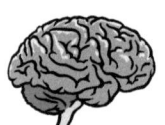

nao
....
creier

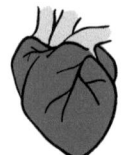

xin zang
....
inimă

ji rou
....
mușchi

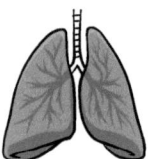

fei
....
plămân

gan zang
....
ficat

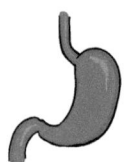

wei
....
stomac

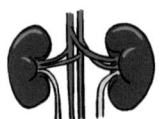

shen zang
....
rinichi

xing jiao
....
sex

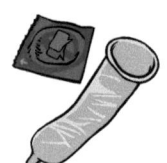

bi yun tao
....
prezervativ

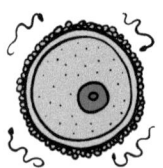

luan zi
....
ovul

jing zi
....
spermă

huai yun
....
sarcină

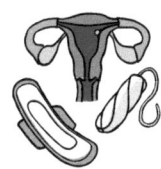

yue jing

menstruație

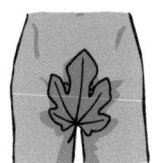

yin dao

vagin

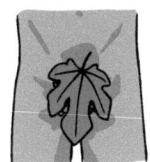

yin jing

penis

mei mao

sprânceană

tou fa

păr

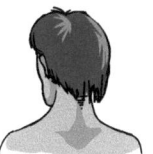

bo zi

gât

yi yuan

spital

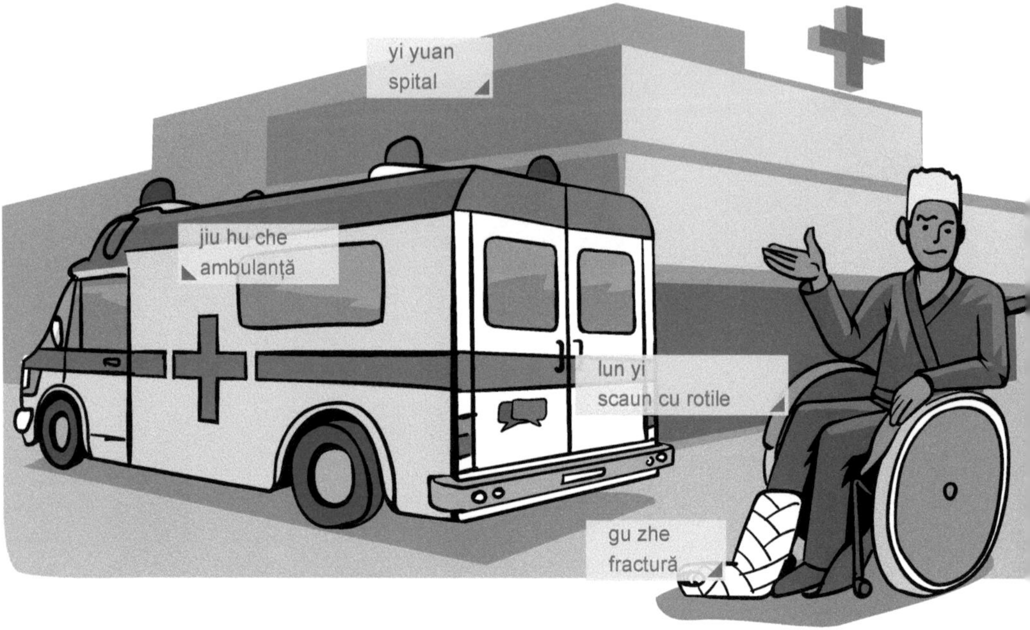

yi yuan
spital
jiu hu che
ambulanță
lun yi
scaun cu rotile
gu zhe
fractură

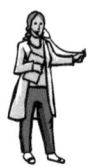

yi sheng

medic

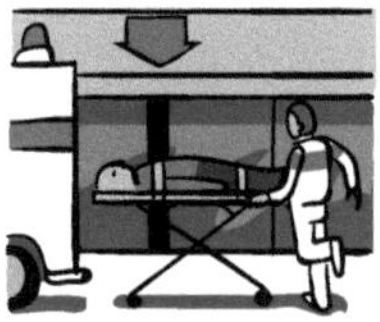

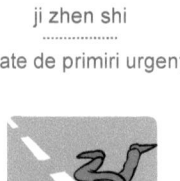

ji zhen shi

unitate de primiri urgențe

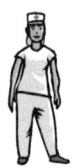

hu shi

soră medicală

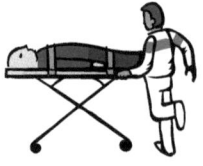

jin ji qing kuang

urgență

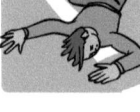

hun mi

inconștient

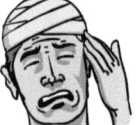

tong

durere

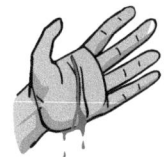

shou shang

leziune

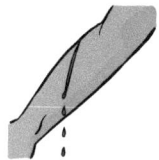

chu xue

sângerare

xin zang bing fa zuo

infarct miocardic

zhong feng

atac cerebral

guo min

alergie

ke sou

tuse

fa shao

febră

liu gan

gripă

fu xie

diaree

tou tong

durere de cap

ai zheng

cancer

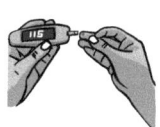

tang niao bing

diabet

wai ke yi sheng

chirurg

shou shu dao

scalpel

shou shu

operație

CT

CT

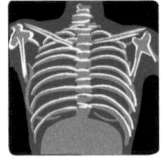

X guang

raze Röntgen

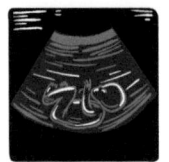

chao sheng bo

ultrasunet

kou zhao

mască

ji bing

boală

hou zhen shi

sală de așteptare

guai zhang

cârjă

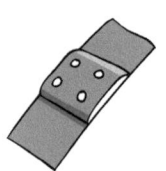

shi gao

plasture

beng dai

bandaj

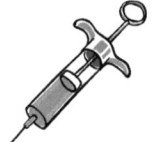

zhu she

injecție

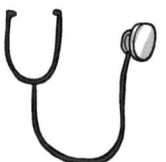

ting zhen qi

stetoscop

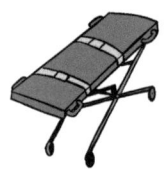

dan jia

targă

ti wen ji

termometru

chu sheng

naștere

chao zhong

supraponderabilitate

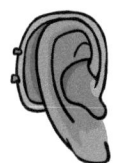

zhu ting qi

aparat auditiv

xiao du ye

dezinfectant

gan ran

infecție

bing du

virus

ai zi bing

HIV/SIDA

yao wu

medicină

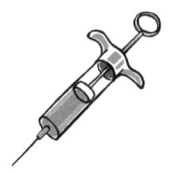

jie zhong yi miao

vaccin

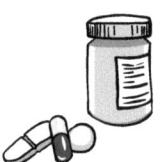

yao pian

tablete

yao wan

pastilă

ji jiu dian hua

apel de urgență

xue ya ji

aparat de măsurare a
presiunii arteriale

sheng bing/jian kang

bolnav/sănătos

jiu ming!

Ajutor!

jing bao

alarmă

tu ji

agresiune

gong ji

atac

wei xian

pericol

jin ji chu kou

ieşire de urgenţă

zhao huo la!

Foc!

mie huo qi

extinctor

yi wai

accident

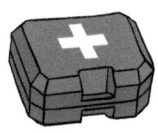

ji jiu xiang

trusă de prim-ajutor

hu jiu xin hao

SOS

jing cha

poliţie

ou zhou

Europa

bei mei zhou

America de Nord

nan mei zhou

America de Sud

fei zhou

Africa

ya zhou

Asia

ao zhou

Australia

da xi yang

Altantic

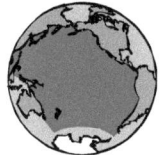

tai ping yang

Pacific

yin du yang

Oceanul Indian

nan bing yang

Oceanul Antarctic

bei bing yang

Oceanul Arctic

bei ji

Polul Nord

nan ji

Polul Sud

nan ji zhou

Antarctica

di qiu

pământ

lu di

țară

hai

mare

dao

insulă

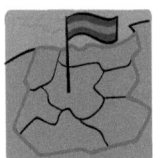

guo jia

națiune

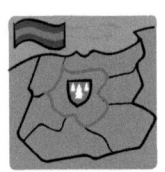

guo jia

stat

zhong mian

cadran

shi zhen

orar

fen zhen

minutar

miao zhen

secundar

xian zai ji dian?

Cât e ceasul?

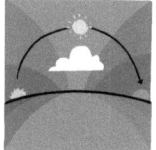

tian

zi

shi jian

timp

xian zai

acum

dian zi biao

cead digital

fen

minut

shi

oră

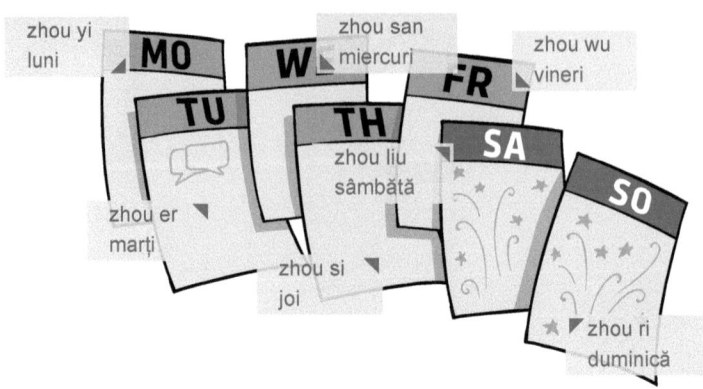

zhou yi — luni
zhou er — marţi
zhou san — miercuri
zhou si — joi
zhou wu — vineri
zhou liu — sâmbătă
zhou ri — duminică

zuo tian
ieri

jin tian
azi

ming tian
mâine

zao chen
dimineaţă

zhong wu
amiază

wan shang
seară

MO	TU	WE	TH	FR	SA	SU
1	2	3	4	5	6	7
8	9	10	11	12	13	14
15	16	17	18	19	20	21
22	23	24	25	26	27	28
29	30	31	1	2	3	4

gong zuo ri
zile lucrătoare

MO	TU	WE	TH	FR	SA	SU
1	2	3	4	5	6	7
8	9	10	11	12	13	14
15	16	17	18	19	20	21
22	23	24	25	26	27	28
29	30	31	1	2	3	4

zhou mo
week-end

yu
ploaie

cai hong
curcubeu

feng
vânt

xue
zăpadă

chun
primăvară

qiu
toamnă

xia
vară

dong
iarnă

4.APRIL	11°	☀
5.APRIL	4°	⛅
6.APRIL	13°	☁
7.APRIL	8°	☀
8.APRIL	10°	☀

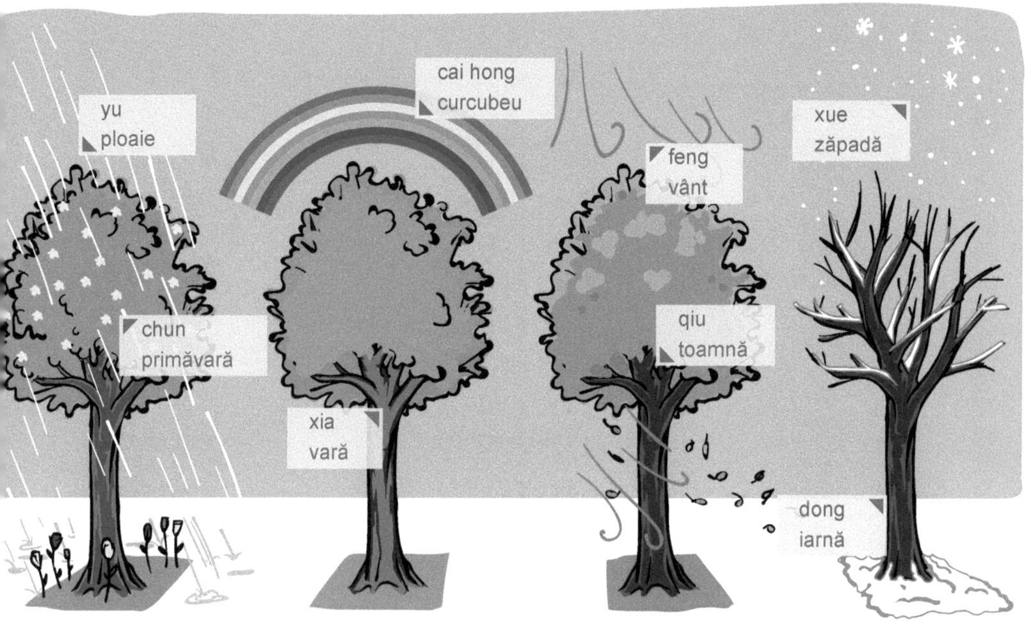

tian qi yu bao
....
prognoză meteo

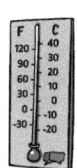

wen du ji
....
termometru

yang guang
....
lumina soarelui

yun
....
nor

wu
....
ceață

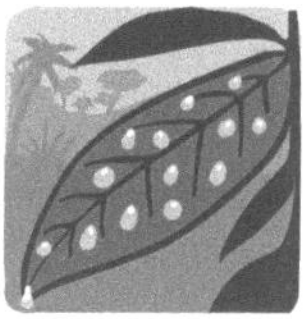

chao shi
....
umiditate a aerului

shan dian

fulger

da lei

tunet

feng bao

furtună

bing bao

grindină

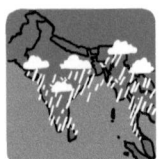

ji feng

muson

hong shui

inundaţie

bing

gheaţă

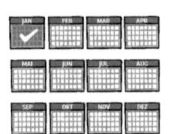

yi yue

ianuarie

er yue

februarie

san yue

martie

si yue

aprilie

wu yue

mai

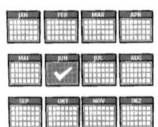

liu yue

iunie

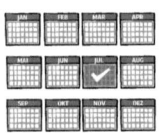

qi yue

iulie

ba yue

august

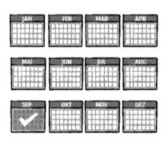

jiu yue
....

septembrie

shi yue
....

octombrie

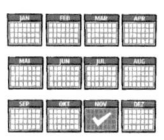

shi yi yue
....

noiembrie

shi er yue
....

decembrie

xing zhuang

forme

yuan xing
....

cerc

zheng fang xing
....

pătrat

chang fang xing
....

dreptunghi

san jiao xing
....

triunghi

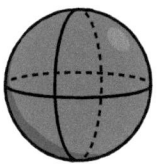

qiu ti
....

sferă

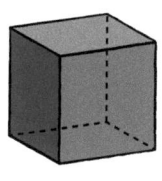

li fang ti
....

cub

bai

alb

huang

galben

cheng

portocaliu

fen

roz

hong

roșu

zi

violet

lan

albastru

lü

verde

zong

maro

hui

gri

hei

negru

hen duo/shao xu

mult/puţin

sheng qi/ping jing

furios/calm

mei/chou

frumos/urât

shou/wei

început/sfârşit

da/xiao

mare/mic

ming/an

luminos/întunecat

xiong di/jie mei

frate/soră

gan jing/ang zang

curat/murdar

wan zheng/que shi

complet/incomplet

bai tian/wan shang

zi/noapte

si/sheng

mort/viu

kuan/zhai

lat/strâmt

ke shi yong/fei shi yong

comestibil/necomestibil

xie e/shan liang

rău/prietenos

xing fen/wu liao

emoționat/plictisit

pang/shou

gras/slab

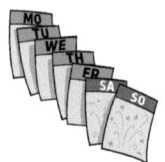

di yi/zui hou

primul/ultimul

peng you/di ren

prieten/inamic

man/kong

plin/gol

ying/ruan

tare/moale

zhong/qing

greu/ușor

e/ke

foame/sete

sheng bing/jian kang

bolnav/sănătos

fei fa/he fa

ilegal/legal

cong ming/yu ben

inteligent/stupid

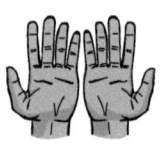

zuo/you

stânga/dreapta

jin/yuan

aproape/departe

xin/jiu

nou/uzat

mei you/you xie

nimic/ceva

lao/you

bătrân/tânăr

kai/guan

pornit/oprit

da kai/he shang

deschis/închis

an jing/chao nao

încet/tare

fu/qiong

bogat/sărac

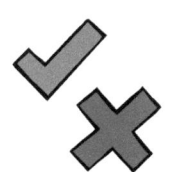

dui/cuo

corect/fals

cu cao/guang hua

aspru/neted

shang xin/gao xing

trist/fericit

duan/chang

lung/scurt

man/kuai

încet/repede

shi/gan

ud/uscat

wen nuan/liang shuang

cald/rece

zhan zheng/he ping

război/pace

0

ling

zero

1

yi

unu

2

er

doi

3

san

trei

4

si

patru

5

wu

cinci

6

liu

șase

7

qi

șapte

8

ba

opt

9

jiu

nouă

10

shi

zece

11

shi yi

unsprezece

12
shi er

douăsprezece

13
shi san

treisprezece

14
shi si

paisprezece

15
shi wu

cincisprezece

16
shi liu

șaisprezece

17
shi qi

șaptesprezece

18
shi ba

optsprezece

19
shi jiu

nouăsprezece

20
er shi

douăzeci

100
bai

o sută

1.000
qian

o mie

1.000.000
bai wan

un milion

ying yu

engleză

mei shi ying yu

engleză americană

pu tong hua

chineza mandarină

yin di yu

hindi

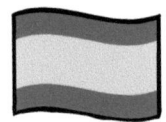

xi ban ya yu

spaniolă

fa yu

franceză

a la bo yu

arabă

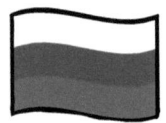

e yu

rusă

pu tao ya yu

protugheză

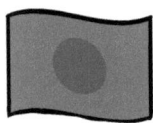

feng jia la yu

bengaleză

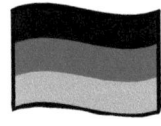

de yu

germană

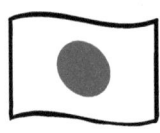

ri yu

japoneză

wo

eu

ni

tu

ta/ta/ta

el/ea

wo men

noi

ni men

voi

ta men

ea

shei?

cine?

shen me?

ce?

zen yang?

cum?

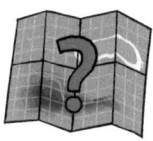

na li?

unde?

shen me shi hou?

când?

ming zi

nume

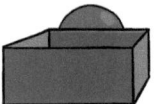

hou mian

în spate

li mian

în

qian mian

înainte

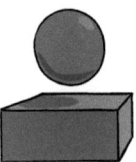

shang fang

peste

shang mian

pe

xia mian

sub

pang bian

lângă

zhong jian

între

di dian

loc